O maior perigo do Islã: não conhecê-lo

José Tadeu Arantes

O maior perigo do Islã: não conhecê-lo

Coordenação de texto
Lourenço Dantas Mota

editora
TERCEIRO NOME

'mostarda
editora

Coleção Repórter Especial

Editores associados
Edgar Gusmão Dias da Silva, Fernando Portela, João Lima Jr., Mary Lou Paris, Ruy Mesquita Filho, Samuel Ribeiro Rossilho

Preparação dos originais *Shalimar Rebeca Fodra*
Revisão *Vivian Miwa Matsushita*
Projeto gráfico e capa *Antonio Kehl*
Foto da capa *inscrição no palácio de Alhambra, Espanha*
Impressão *Palas Athena*

Dados Internacionais de Catalogação na Publicação (CIP)
(Câmara Brasileira do Livro, SP, Brasil)

Arantes, José Tadeu
O maior perigo do Islã : não conhecê-lo / José Tadeu Arantes ; coordenação de texto Lourenço Dantas Mota. — São Paulo : Editora Terceiro Nome : Mostarda Editora, 2005.

Bibliografia.

1. Islamismo I. Mota, Lourenço Dantas. II. Título.

05-8554 CDD-297

Índices para catálogo sistemático:

1. Islamismo : Religião 297

Editora Mostarda / Editora Terceiro Nome
Rua João Felipe Silva 52
Cep 04638-030 – São Paulo – SP
www.editoramostarda.com.br
www.terceironome.com.br
Tel (11) 5093 8216 Fax (11) 5044 5540

São Paulo 2005

Apresentação

O islamismo é a religião que mais cresce no mundo. Nos últimos anos, países e organizações islâmicas estiveram, de uma forma ou de outra, ligados a alguns dos mais dramáticos acontecimentos da cena internacional. No entanto, ao contrário do que seria de esperar em um quadro como esse, continua grande entre os não-muçulmanos o desconhecimento do islamismo.

Onde, quando e como nasceu essa religião? Quais são seus traços principais e qual é sua mensagem? Quem foi o profeta Muhammad, que a comunicou ao mundo? Quais são as convergências e as divergências do islamismo com outras religiões monoteístas, como o judaísmo e o cristianismo? Não se pode esquecer que o Corão, livro sagrado dos muçulmanos, atribui especial importância aos personagens bíblicos Adão, Noé, Abraão, Moisés, Jesus e sua mãe, Maria.

Qual é a diferença entre sunitas e xiitas? O que é o sufismo, a mística muçulmana? Quais foram as mais importantes contribuições do islamismo para a civilização? Qual é sua visão do futuro? Por que tantos muçulmanos estão atualmente em luta contra muitos dos valores ocidentais?

São perguntas como essas, fundamentais para entender o mundo em que vivemos, que José Tadeu Arantes aborda neste livro, que se encerra com um capítulo sobre o islamismo no Brasil.

Os editores

Sumário

Introdução

Do preconceito ao entendimento

Países e organizações islâmicas protagonizam, hoje, alguns dos acontecimentos mais dramáticos do planeta. No entanto, embora seja a religião que mais cresce em número de adeptos, surpreendentemente o islamismo continua desconhecido para os não-muçulmanos, mesmo os considerados bem-informados. O desconhecimento vai ao ponto de muitos acreditarem que o Deus muçulmano é diferente do Deus cristão. Em um mundo que necessita vitalmente de compreensão e tolerância, esse alheamento é uma perigosa fonte de mal-entendidos e conflitos.

Onde, quando e como surgiu o islamismo? Qual é sua mensagem? Quais são suas convergências e divergências com outras religiões monoteístas, como o judaísmo e o cristianismo? Qual a diferença entre sunitas e xiitas? O que é o sufismo, a mística muçulmana? Quais foram as principais contribuições do Islã à civilização? Qual é sua visão de futuro? Por que muitos muçulmanos estão atualmente em luta contra os valores ocidentais?

Estas e outras perguntas compõem o tema do presente livro. Trata-se de uma obra sobre o Islã escrita por um não-muçulmano, que apesar disso dedica a tal religião, especialmente à sua dimensão mística, o mesmo respeito e interesse que lhe suscitam todas as demais formas de espiritualidade autênticas. Vivemos em uma época de fanatismos violentos. Mas também de inédita abertura ao diálogo. Como em nenhum outro tempo, protagonistas de diferentes tradições podem hoje debater civilizadamente e, sem abrir mão das perspectivas que lhes são próprias, buscar um denominador comum para a construção de sociedades multiculturais, pacíficas e justas. A raiz do ódio é o medo. E a raiz do medo é a ignorância. Se pudermos contribuir, ainda que de maneira mínima, para a diminuição do preconceito e a promoção do entendimento, então nossos objetivos terão sido plenamente atingidos.

1

O Profeta

A Arábia pré-islâmica

A Arábia pré-islâmica era uma terra de cenários grandiosos e ânimos exaltados. Desertos imensos e estreitos desfiladeiros compunham sua paisagem física. Batalhas ferozes e juramentos feitos com os dedos manchados de sangue compunham sua paisagem humana. Nômades ou recém-sedentarizados, os árabes do sexo masculino valorizavam, acima de tudo, a liberdade, a honra, a eloqüência e a astúcia. Quanto à mulher, ela era literalmente um objeto, que, ainda menina, o pai entregava em casamento a quem bem lhe aprouvesse e que, mesmo adulta, dependia em tudo da aprovação masculina.

Os laços de consangüinidade dominavam as relações sociais. Mas havia neles uma gradação. Um antigo provérbio árabe traduz bem a medida disso, ao afirmar: "Eu e meu irmão contra meu primo; eu, meu irmão e meu primo contra o forasteiro". Constantes combates entre tribos e clãs, e vinganças de sangue pela honra ultrajada eram a conseqüência inevitável de tal mentalidade. O

Islã haveria de suavizar esses temperamentos e contribuiria decisivamente para a melhoria da condição da mulher, dos pobres e dos órfãos.

Embora se dizendo descendentes do profeta bíblico Abraão, por meio de seu filho Ismael, os árabes eram então predominantemente politeístas. Minorias judaicas e cristãs conviviam com uma população que cultuava os espíritos da natureza (*djin*) e centenas de deuses e deusas. Seu centro espiritual era o Santuário da Caaba, na cidade de Meca. Nesse edifício de formato cúbico, cujos ângulos se alinham com os pontos cardeais, ficava guardada a Pedra Negra, o principal objeto de adoração. Diz a tradição islâmica que ela desceu do Céu, branca como a neve, mas que os pecados dos filhos de Adão progressivamente a escureceram. Mais tarde, os místicos muçulmanos afirmariam que, seguindo a orientação divina, Abraão e Ismael edificaram a Caaba no ponto exato em que o Eixo do Mundo toca o plano terrestre. Nos vários planos celestiais, cortados por essa linha invisível, haveria santuários análogos, freqüentados por anjos. E, acima de todos eles, o Trono de Deus.

Em torno da Caaba, os mequenses haviam disposto 360 ídolos, um para cada grau da circunferência, um para cada dia do ano lunar. Peregrinos procedentes de toda a Arábia vinham a Meca uma vez por ano e circundavam sete vezes a Caaba, reverenciando os ídolos, uns após o outro. Essa circulação humana, o *tawaf*, reproduzia, no plano terrestre, a ronda dos astros ao redor da estrela polar, provocada pelo movimento de rotação da Terra.

Allah era uma das divindades cultuadas no Santuário. Seu nome, al-Ilah, é a forma árabe de El, o Deus de Abraão, mencionado no Antigo Testamento da Bíblia. Mas os árabes atribuíam igual importância a Hubal, um deus de origem moabita, e às deusas al-Lat, al-Uzzah e Manat, conhecidas como as "três filhas de Deus". Sede do grande templo de al-Lat, a cidade de Taif disputava com Meca a proeminência religiosa na Arábia. E o panteão árabe não se restringia aos 360 deuses do Santuário. Cada casa tinha seu deus particular. O número destes não parava de crescer, graças aos contatos comerciais e às relações matrimoniais com outros povos.

Os indianos cultuam até hoje centenas de deuses e deusas. Porém, graças aos ensinamentos de grandes sábios, como Adi Shankaracharya (século IX), adquiriram a compreensão de que esses múltiplos deuses e deusas são apenas diferentes manifestações ou projeções de uma Divindade Única. É esse profundo senso de unidade que confere vitalidade espiritual às religiões da Índia, permitindo que elas atuem como poderosos fatores de integração nos planos individual, social e cósmico. Alguns pensadores muçulmanos contemporâneos acreditam que tal senso de unidade, inerente a todas as tradições espirituais autênticas, fora esquecido na Arábia pré-islâmica. Sem um princípio único e integrador, o politeísmo árabe teria se transformado em uma religião supersticiosa e estéril. Dizem esses especialistas que, assim como Abraão, Moisés e Jesus, também Muhammad recebeu um "mandato celeste" para restaurar o conhecimento da Unidade Divina, tornando-o ativo, integrador, transformador.

A origem

De acordo com a tradição árabe, que agrega ao nome do indivíduo os nomes do pai, do avô, do bisavô e da tribo, o Profeta do Islã chamava-se Abulqassim Muhammad ibn Abdallah ibn Abdul Muttalib ibn Hashim al Quraysh. Seu nome próprio, Muhammad, significa "o Extremamente Louvado". Uma corruptela dessa palavra resultou na forma aportuguesada Maomé. Nascido em Meca, a mais politeísta das antigas cidades árabes, ele resgatou e aprofundou a tradição monoteísta do judaísmo e do cristianismo. Analfabeto, transmitiu o Corão, um livro que é considerado a palavra de Deus. Criado em uma sociedade tribal, sem unidade política, lançou as bases de uma civilização que se estendeu da Península Ibérica às fronteiras da China e mudou os rumos da história humana.

Os historiadores muçulmanos divergem quanto à data exata de seu nascimento. Ele teria ocorrido no ano 569, 570 ou 571. Quanto ao dia, recorrendo até mesmo a argumentos astrológicos, uns propõem 22 e outros 25 de abril. Muhammad era descendente em linha direta do grande Qusayy, chefe da tribo dos Quraysh e responsável pela sedentarização da população de Meca. Seu avô, Abdul Muttalib, foi outro líder notável, guardião do Santuário e encarregado de recepcionar os peregrinos que acorriam à cidade. O nascimento do menino ocorreu dois meses depois da morte de seu pai, Abdallah. A mãe, Âmina, amamentou-o nos primeiros meses de vida. Depois, como era hábito entre os Quraysh, ele foi entregue aos cuidados de uma ama, para ser criado em uma aldeia no deserto, longe do burburinho da cidade. Halima era o nome dessa ama e Muhammad permaneceu em sua companhia até os cinco anos de idade. Mais tarde, atribuiu seu excepcional domínio da língua árabe a essa estadia no deserto, onde os beduínos cultivavam a pureza do idioma. Voltou para casa poucos meses antes de sua mãe morrer.

Órfão de pai e mãe e tendo perdido também o avô, Muhammad foi criado por um tio paterno, Abu Talib, homem pobre, porém afetuoso. Para ajudar nas despesas, começou a trabalhar muito cedo, dedicando-se ao pastoreio de animais. Imprópria para a agricultura, devido à aridez do solo, e sem um artesanato expressivo, Meca destacava-se como centro comercial. Duas caravanas partiam anualmente da cidade: uma para a Síria, no verão, e outra para o Iêmen, no inverno. Abu Talib participava desse negócio e, com doze anos, Muhammad o acompanhou em uma viagem à Síria. Ocorreu, então, um fato marcante em sua biografia. Na cidade síria de Busra (não confundir com Basra, no Iraque), o menino encontrou-se com o monge cristão Bahira, que reconheceu nele o dom da profecia. Orientalistas cristãos atribuem a Bahira e ao ambiente cultural sírio a influência que levou Muhammad ao monoteísmo. Essa hipótese é contestada, porém, pelos historiadores muçulmanos.

Apesar do espírito contemplativo, Muhammad, durante a juventude, pouco se diferenciou de seus contemporâneos. Seguindo a tradição familiar, adotou a profissão de comerciante. Os biógrafos destacam sua honestidade nos negócios e a fidelidade que demonstrava à palavra empenhada. Em um contexto tribal orgulhoso, no qual os ânimos ferviam pelo menor motivo e uma pequena briga logo se transformava em guerra, ele se distinguia pelo equilíbrio e a moderação. Um fato altamente significativo foi seu casamento com Khadija. Duas vezes viúva e mãe de vários filhos, Khadija bint Khuwailid bint Assad bint Abdul Uzza bint Qusayy era uma mercadora muito rica e respeitada. Tinha cerca de quarenta anos quando desposou Muhammad. E ele, apenas 25. A despeito do patriarcalismo da sociedade árabe, essa nobre mulher exerceu enorme influência em sua vida. Foi confidente, conselheira e, anos mais tarde, sua primeira discípula. Entregou-lhe o comando de todos os seus negócios, proporcionando-lhe o conforto material que lhe permitiu dedicar-se mais intensamente às questões espirituais.

Muhammad e Khadija permaneceram juntos durante 25 anos e, enquanto ela viveu, ele não desposou outra mulher. Depois de sua morte, teve quinze esposas e numerosas concubinas. A bela e inteligente Aisha – que ao se casar com o Profeta era ainda uma menina, às voltas com seus brinquedos – foi a mais influente e desempenhou um papel decisivo no estabelecimento dos costumes muçulmanos. Da união de Muhammad e Khadija, nasceram-lhe seis filhos: dois meninos, que morreram na infância, e quatro meninas, três das quais faleceram no tempo em que ele ainda vivia. Fátima, a única sobrevivente, foi a filha por meio da qual se estabeleceu sua descendência, já que um outro filho que teve em idade avançada, fruto de sua relação com Maria, a Copta, também morreu antes de completar dois anos.

Segundo a descrição feita por Ali, primo, genro e um dos sucessores do Profeta, Muhammad era, em sua maturidade, um homem de estatura mediana, bonito de rosto, com cabelos muito pretos que lhe chegavam aos ombros, barba espessa, sobrancelhas grossas e pestanas longas. Seus grandes olhos negros contrastavam com a pele clara e ressaltavam ainda mais sua aparência contemplativa.

A Revelação

O acontecimento decisivo, que transformou radicalmente a vida de Muhammad, mudou a face da Arábia e influenciou o próprio destino da humanidade, ocorreu no ano 610. Era uma noite do mês de *Ramadan*, dedicado ao jejum e aos retiros espirituais. Como de hábito, ele meditava sozinho, em uma caverna isolada no monte Hira, nas cercanias de Meca. Afirma a tradição que, ao alcançar um estado de profunda absorção espiritual, percebeu a presença do Arcanjo Gabriel, na forma de um homem. O anjo lhe disse: "Recita!". Surpreso, Muhammad respondeu: "Não sou um recitador". O mensageiro celestial então o abraçou, apertou até ele quase desfalecer e repetiu a ordem: "Recita!". Muhammad voltou a argumentar que não era um recitador e outra vez foi abraçado e espremido até o limite da sobrevivência. Quando recuperou o fôlego, Gabriel lhe disse: "Recita em nome de teu Senhor, que tudo criou! Criou o homem de um coágulo. Recita! Teu Senhor é o mais Generoso. Ele, que ensinou com o cálamo, ensinou ao homem o que este não sabia".

Segundo os místicos muçulmanos, o cálamo (caneta), mencionado na Revelação, corresponde ao *Alif*, a letra inicial do alfabeto árabe. Representado como um traço vertical, o *Alif* é o símbolo da Unidade Divina, a primeira manifestação de Deus, a pena com a qual o Livro do Mundo foi escrito. Muhammad não compreendeu de imediato o significado de sua experiência. Ele já havia tido muitos sonhos misteriosos, sonhos que antecipavam acontecimentos futuros ou lhe apresentavam aspectos inusuais da realidade. Com o passar dos anos, acostumara-se também aos jejuns e às meditações, nas quais buscava um sentido para a existência. Mas aquelas palavras enigmáticas estavam fora de suas expectativas. Profundamente perturbado, voltou para casa trêmulo e febril. Foi Khadija que o tranqüilizou. Quarenta dias se passaram. Muhammad, que a princípio temera, agora ansiava por novas revelações. Depois de provar o manjar espiritual, considerava a vida cotidiana desprovida de sabor. A saudade que sentia daquele alimento místico era tanta que chegou a pensar em suicídio. Foi então que recebeu uma nova mensagem. E, dizem os muçulmanos, continuou a recebê-las, em pequenos bocados, até o final da vida.

Essas mensagens são interpretadas como a palavra de Deus (*Allah*), sempre comunicada a Muhammad pelo Arcanjo Gabriel. Elas compõem o texto do Corão. Seu conteúdo principal é o *Islam*, a total submissão do homem à vontade de Deus. Segundo a ótica muçulmana, o exemplo mais perfeito dessa submissão foi dado por Abraão, que, atendendo ao comando de Deus, que testava sua fidelidade, aceitou sacrificar o próprio filho, Isaac – ato impedido por um anjo, que revogou a ordem anterior. O islamismo reconhece todos os patriarcas e profetas israelitas e exalta enormemente a figura de Jesus, considerado o protótipo da santidade. Mas contesta a concepção judaica de um "povo eleito" e nega com veemência a divindade de Cristo.

Quando Muhammad começou a transmitir aos outros as experiências que estava tendo, um círculo de discípulos juntou-se pouco a pouco a sua volta. Primeiro, Khadija. Em seguida, Ali, futuro marido de Fátima. Depois, Abu Bakr, futuro pai de Aisha. O grupo foi crescendo entre os marginalizados da riqueza e do poder e passou a incomodar os setores dominantes da tribo dos Quraysh, que controlavam o comércio e a política na cidade de Meca e auferiam grandes lucros com o movimento de peregrinos em direção à Caaba.

A "Ascensão ao Paraíso"

Khadija morreu em 619. Um ano depois, Muhammad teve sua mais impressionante experiência mística: a célebre "Ascensão ao Paraíso" (*miraj*). Diz a tradição que, em uma noite pontuada por relâmpagos e trovões, o Profeta estava deitado em seu quarto, na cidade de Meca, quando percebeu o ambiente inteiro se iluminar. Em suas visões anteriores, o Arcanjo Gabriel sempre lhe aparecera na forma de um homem. Dessa vez, porém, contemplou-o em sua esplêndida forma cósmica. "Ó dorminhoco", teria dito o anjo, "por quanto tempo continuarás dormindo? Acorda!" E, tomando Muhammad pela mão, o levou a sobrevoar a Caaba. De lá, conduziu-o até o cume do monte Moriá, em Jerusalém – um lugar sagrado para judeus, cristãos e muçulmanos, onde os conquistadores islâmicos edificariam, mais tarde, o Domo do Rochedo, hoje um ponto nevrálgico do conflito palestino-israelense. Daquele local privilegiado, ascenderam ao Céu.

Sempre guiado por Gabriel, Muhammad teria atravessado as muitas esferas que compõem o Paraíso, instruindo-se com anjos e profetas, até se encontrar sozinho, trêmulo e quase aniquilado, na presença de Deus. Ao iniciar-se a jornada, uma jarra d'água que se encontrava à cabeceira da cama fora derrubada. O Profeta retornou a tempo de impedir que a água derramasse. A visão, ou o que quer que tenha sido essa experiência, obviamente ocorreu fora dos parâmetros usuais de espaço e tempo.

A fuga

No ano 622, pouco mais de uma década depois de Muhammad ter iniciado sua missão profética, a cidade de Meca encontrava-se profundamente dividida. Herdeiro das tradições monoteístas do judaísmo e do cristianismo, o islamismo cindira a população local. Jesus afirmou que sua mensagem provocaria a divisão entre os homens, colocando o filho contra o pai, a filha contra a mãe, a nora contra a sogra. O mesmo se dava com a pregação de Muhammad, que seus adeptos consideram ser o sucessor espiritual de Abraão, Moisés e Jesus. Enquanto as revelações comunicadas pelo profeta atraíam um número crescente de adeptos, em sua maioria jovens, mulheres e pobres, os homens poderosos da comunidade permaneciam impenetráveis e hostis.

A hostilidade manifestava-se no próprio interior da tribo (Quraysh), do clã (Bani Hashim) e até mesmo da parentalha mais próxima de Muhammad. Por isso, quando os líderes dos Quraysh se reuniram em assembléia para decidir o que fazer, seu rico tio Abu Lahab ausentou-se propositalmente, deixando os inimigos do Profeta com as mãos livres para agir. Coube ao mais apaixonado adversário do Islã a proposta vencedora. Conforme o costume árabe de apelidar o pai com base no nome do filho primogênito, tal homem era conhecido como Abul Hakam (Pai de Hakam), mas os muçulmanos o chamariam de Abu Yahl (Pai da Ignorância). Este propôs que cada clã da tribo designasse um jovem forte e bem relacionado. No momento oportuno, esses homens se lançariam juntos sobre Muhammad, dando-lhe, cada um, uma punhalada mortal. Desse modo, não tendo um único agressor em quem se vingar, o clã da vítima seria obrigado a aceitar, em lugar da reparação de sangue, uma reparação em dinheiro, de acordo com os costumes tribais.

Diz a tradição que o Arcanjo Gabriel apareceu então a Muhammad e o alertou sobre a conspiração, instruindo-o a abandonar Meca. Fazia tempo que os muçulmanos ameaçados fugiam da cidade, encaminhando-se, primeiro, à Abissínia, onde gozavam da proteção do imperador cristão, e, depois, ao oásis de Yathrib, cujos chefes haviam aderido ao Islã e jurado fidelidade ao Profeta. Meca vinha sofrendo notável redução populacional e perda de status econômico devido a esse fluxo migratório. Chegara a hora do próprio Muhammad refugiar-se no oásis.

O Profeta dirigiu-se à casa de Abu Bakr, amigo fiel, discípulo de primeira hora e futuro sucessor. Este chorou de alegria ao saber que poderia acompanhá-lo no exílio. Concebido o plano de fuga, Muhammad voltou ao lar e relatou o que estava para ocorrer a seu primo Ali. Os conspiradores haviam combinado encontrar-se na porta da casa de sua projetada vítima quando caísse a noite. Ao chegarem, porém, ouviram as vozes das esposas do Profeta e conjeturaram que, caso violassem a privacidade das mulheres, ficariam cobertos de desonra aos olhos de todos os árabes. Por isso, decidiram esperar até o amanhecer, para atacar Muhammad quando ele saísse para a prece, como costumava fazer toda a madrugada.

O Profeta notou a presença dos agressores e orientou Ali a dormir em sua cama, cobrindo-se com seu manto verde, garantindo-lhe que, sob aquela vestimenta, nenhum mal lhe sucederia. Quanto a si próprio, recitou o versículo do Corão que afirma: "E lhes colocaremos uma barreira pela frente e uma barreira por trás, e lhes ofuscaremos os olhos, para que não possam ver". Saiu então de casa e – sustenta a tradição – passou sob as barbas de seus inimigos sem que estes o percebessem.

Os conspiradores ficaram o resto da noite vigiando. Espiando pela janela, viram que Muhammad dormia em sua cama, coberto com seu manto. Somente quando Ali se levantou, na manhã seguinte, é que perceberam que haviam sido ludibriados.

Nesse ínterim, o Profeta voltou à casa de Abu Bakr e, sem perda de tempo, fugiram ambos pela janela dos fundos, onde dois camelos já encilhados os esperavam. Abu Bakr levava na garupa seu filho Abdallah. Fina como um risco de compasso, a lua minguante do mês de *Safar* (que naquele ano correspondia ao nosso mês de julho) erguera-se sobre as colinas orientais de Meca e começava a empalidecer à luz da aurora.

Os fugitivos rumaram para o Sul, em direção ao Iêmen, porque sabiam que seus eventuais perseguidores certamente os procurariam no Norte, nos muitos caminhos que levavam a Yathrib. Amir, um escravo liberto por Abu Bakr, os seguiu com o rebanho de seu patrão, para que as marcas das ovelhas escondessem as pegadas dos camelos. Ao chegarem a uma caverna previamente escolhida, desmontaram e mandaram que Abdallah levasse os animais de volta à cidade. O filho de Abu Bakr voltou na noite do segundo dia em companhia de sua irmã Asma, trazendo provisões e a notícia de que os chefes dos Quraysh haviam oferecido cem camelos de recompensa para quem encontrasse e capturasse Muhammad. Beduínos interessados no prêmio já vasculhavam todas as rotas normais entre Meca e Yathrib.

No terceiro dia, alguns desses caçadores de recompensa aproximaram-se perigosamente da caverna. Mas – afirma a tradição – a Providência Divina impediu que eles encontrassem o que procuravam. Na noite desse dia, Abdallah voltou com Asma e um guia beduíno, que levaria o Profeta e Abu Bakr a Yathrib por um caminho longo e totalmente incomum. Embora Yathrib fique ao norte de Meca, o guia dirigiu-se para Sudoeste e só inflexionou para o Norte quando chegou às costas do Mar Vermelho. Após doze dias de viagem, os fugitivos chegaram finalmente ao oásis. O dia 16 de julho de 622, data em que Muhammad deixou a caverna nas imediações de Meca para buscar refúgio em Yathrib, marca o início do calendário muçulmano. É a Hégira, forma aportuguesada da palavra árabe *Hijra* (fuga).

A cidade

Tendo encontrado no caminho a caravana de um primo de Abu Bakr, que regressava da Síria, Muhammad e seu companheiro receberam de presente roupas brancas, de tecido fino. Assim vestidos, suas figuras se destacavam contra o solo negro, de lava vulcânica, compondo uma imagem impressionante. Foi um judeu das cercanias de Yathrib o primeiro a avistá-los. Logo, toda a multidão de muçulmanos que habitava o local correu ao seu encontro. Em seu discurso inaugural, o Profeta presenteou os admiradores com palavras eloqüentes: "Ó gente! Dirigi, uns aos outros, saudações de paz; dai de comer aos famintos; honrai os vínculos de parentesco; orai durante as horas em que os homens dormem. Assim, entrareis em paz no Paraíso".

Retido pela população dos arrabaldes, que não se cansava de homenageá-lo, Muhammad permaneceu três dias nas imediações de Yathrib, enquanto esta se impacientava para vê-lo. Depois, acompanhado por Abu Bakr e uma centena de partidários, e montando sua camela Qaswa, partiu em direção à cidade. À direita e à esquerda, com armaduras e espadas em punho, ginetes das tribos de Aws e Jazrach formavam a guarda de honra. Homens, mulheres e crianças, postados ao longo do caminho, saudavam a imponente comitiva com o grito de "Chegou o Profeta de Deus!". O triunfo da entrada em Yathrib, que passaria a se chamar *Madinat-al-Nabi* (Cidade do Profeta) ou simplesmente Medina (Cidade), dão uma idéia da importância política do acontecimento.

Ao deixar Meca, Muhammad já havia tido suas mais decisivas experiências místicas e transmitido os fundamentos do Islã. Mas, oprimidos pela aristocracia mequense, os muçulmanos ainda estavam na defensiva. Em Medina, a situação se inverteu. A cidade colocou-se sob a direção do Profeta, que deixou de ser apenas um instrutor espiritual para se tornar também um chefe político e militar. A constituição que ditou, estabelecendo a convivência harmoniosa entre as tribos locais, os imigrantes islâmicos e a numerosa comunidade judaica, autorizada a praticar sua religião, é considerada uma obra de extraordinária perspicácia política. De Medina, Muhammad partiu para a conquista de Meca e a unificação de toda a Arábia.

A vitória

Seguiram-se oito anos de guerra entre os partidários do Profeta e os habitantes de Meca – uma luta prolongada, com vitórias e derrotas, armistícios e rompimentos, perdões contemporizadores e represálias sangrentas. Em todo o processo, destacou-se a visão estratégica de Muhammad, que, mesmo quando fez concessões imediatas ao adversário, acabou tirando proveito delas para fortalecer sua posição no longo prazo. No ano 630, finalmente, ele avançou sobre a cidade com um exército de 10 mil homens. Esgotada, Meca rendeu-se sem combater.

Entrando na cidade santa, Muhammad circundou a Caaba montado em sua camela. E, com o bastão utilizado para conduzir o animal, destruiu pessoalmente cada um dos 360 ídolos, enquanto recitava o versículo do Corão que diz "A Verdade chegou. A falsidade desvaneceu-se". Manteve, no entanto, a Pedra Negra, como uma dádiva de Deus. E a Caaba, como o mais sagrado dos santuários, o ponto focal (*qibla*) em direção ao qual todo o muçulmano deve se voltar no momento da prece.

Em vez de castigar os adversários, como esperavam alguns de seus seguidores, o profeta agiu com magnanimidade, perdoando até mesmo os mais ardorosos chefes inimigos e incorporando aos ritos muçulmanos a peregrinação à Caaba. Esse procedimento levou seu prestígio às alturas. O último foco de resistência, um exército de 30 mil beduínos pagãos, foi derrotado semanas mais tarde. A partir daí, representantes de todas as tribos árabes vieram jurar-lhe fidelidade. Quando Muhammad morreu, nos braços de Aisha, em 632, a Arábia estava unificada. Um século depois, o território muçulmano estendia-se da Península Ibérica às fronteiras da China.

Ao contrário de Jesus, que mandou os discípulos oferecerem a outra face a quem lhes dava um tapa, Muhammad propagou sua fé com conquistas militares e tratados diplomáticos. Uma generalização equivocada dessa contingência história levou alguns de seus seguidores a uma perspectiva religiosa exclusivista e belicosa. Tal enfoque não corresponde, porém, à real natureza do Islã. Adeptos da experiência espiritual genuína, os sufis, os grandes místicos muçulmanos, reconheceram a unidade profunda de todas as religiões. O espanhol Ibn Árabi (1165-1240), considerado o maior deles, proclamou essa unidade em um poema de imperecível beleza:

Meu coração tornou-se capaz de todas as formas:
Um templo para os ídolos, a Caaba do peregrino,

O rolo da Torá, o texto do Corão.
Sigo a religião do Amor.
Para onde quer que avancem as caravanas do
Amor,
Lá é meu credo e minha fé.

2

A doutrina

Visão geral

Com menos de um milênio e meio de existência, o islamismo é a mais jovem das três religiões monoteístas do ramo abraâmico – aquelas que reivindicam o patriarca bíblico Abraão como ancestral comum. Sua doutrina, que possui vários pontos de contato com o judaísmo e o cristianismo, baseia-se em seis crenças principais:

- a crença em um único Deus (que, no idioma árabe, recebe o nome de *Allah*);
- a crença nos anjos (com especial ênfase no Arcanjo Gabriel, considerado o anjo da revelação);
- a crença nos livros sagrados (que os místicos muçulmanos consideram ser diferentes projeções de um único livro celestial, o *Lawh Mahfuz*, no qual estariam inscritas as leis da Criação e os Arquétipos de todas as coisas);
- a crença nos profetas (cuja extensa linhagem começa com Adão; passa, entre outros, por Noé, Abraão, Moisés e Jesus; e termina com Muhammad);

- a crença no Juízo Final (no qual a vida de cada ser humano seria avaliada, determinando sua futura estadia no Paraíso ou no Inferno);
- a crença na predestinação (que, embora atribua a *Allah* a decisão soberana sobre tudo o que ocorre, não exclui a possibilidade humana do livre arbítrio).

Tidos como um dos "povos do Livro", os judeus receberam especial consideração por parte de Muhammad e foram protegidos pelos dirigentes muçulmanos piedosos. Mas, acreditando que sua mensagem contempla a humanidade inteira, o islamismo rejeita a idéia judaica de um "povo eleito". Com o cristianismo, as afinidades são até maiores, pois os muçulmanos consideram Jesus o protótipo da santidade e nada menos do que um terço do Corão lhe é dedicado. No entanto, o islamismo recusa com veemência a crença na divindade de Cristo e repudia, como uma forma de politeísmo, o dogma cristão da Santíssima Trindade. Muhammad, que possui excepcional status como o protótipo da profecia e o último dos profetas, é visto como um homem e não um deus.

Os cinco pilares da fé

Cinco preceitos norteiam o comportamento religioso muçulmano:

- *Shahadah* (Declaração da Fé)
- *Salat* (Prece Ritual)

- *Zakat* (Caridade)
- *Sawm* (Jejum)
- *Hajj* (Peregrinação à Meca)

Observemos um pouco melhor cada um deles:

Shahadah (Declaração da Fé)

Afirmação fundamental do Islã, a *Shahadah* compõe-se de duas frases curtas: "Não há deus senão Deus. Muhammad é o mensageiro de Deus". Qualquer indivíduo que a repita por três vezes, com sinceridade, na frente de testemunhas, pode ser considerado um muçulmano. Como ocorre com outras fórmulas religiosas, sua aparente simplicidade encobre, porém, múltiplas camadas de significado. Em uma leitura mais simples, a primeira frase ("Não há deus senão Deus") resume-se à negação do politeísmo (os deuses) e à afirmação do monoteísmo (Deus). Mas os sufis, os grandes místicos muçulmanos, atribuem-lhe conotações muito mais profundas. De seu ponto de vista, ela poderia ser lida como "Não há ser senão o Ser" ou "Não há realidade senão a Realidade". Isso equivaleria a dizer que não apenas existe um *só* Deus, mas que *só* Deus existe. E que todo o universo, com sua incrível multiplicidade de entes, repousa sobre uma unidade fundamental, pois é uma Teofania ou Manifestação Divina.

Salat (Prece Ritual)

Os muçulmanos sunitas rezam cinco vezes por dia: antes do nascer do sol; ao meio-dia; no final da tarde; após o pôr-do-sol; e entre o pôr-do-sol e a meia-noite. Os muçulmanos xiitas adotam uma forma mais compacta, condensando as cinco preces em três. Tanto em um caso como no outro, porém, as preces são consideradas as atividades mais importantes do dia, conferindo-lhe ritmo e sentido. É o momento em que cada indivíduo deve buscar íntimo contato com Deus e com as outras pessoas que rezam na mesma hora. Abluções purificadoras precedem a oração e uma complexa movimentação corporal acompanha cada uma de suas etapas. Porém o mais importante é a sinceridade, que se manifesta na perfeita sintonia entre pensamento, sentimento, palavra e ação. O fiel deve rezar como se estivesse na presença de Deus: não para obter benefícios pessoais, mas tão somente para glorificá-Lo.

Zakat (Caridade)

O *Zakat* é a doação que se deve fazer de uma parte da riqueza pessoal. Destinada a beneficiar os pobres, a doação é uma prática compulsória e sistemática. A taxa estabelecida para valores em dinheiro, ouro, prata e itens comerciais é de 2,5% ao ano. Há outras porcentagens para produtos agropecuários e minerais. Com a óbvia finalidade de atenuar as desigualdades sociais e a moderar o excessivo apego humano às riquezas materiais, a caridade possui, além disso, um profundo significado espiritual, lembrando ao indivíduo que toda a riqueza vem de Deus e a Ele retorna. E que, sendo todos os seres humanos intrinsecamente iguais, se a Vontade Divina determinou que desempenhássemos no drama da vida o papel de ricos, é nosso dever ajudar aqueles que foram escolhidos para representar o papel de pobres.

Sawm (Jejum)

O jejum muçulmano estende-se por todo o mês lunar de *Ramadan*, o nono do calendário lunar islâmico. Nesse período do ano, dedicado à intensificação da conexão espiritual, todo muçulmano adulto deve, desde o nascer até o pôr-do-sol, abster-se de consumir alimentos ou bebidas de qualquer espécie; de fumar, mesmo que passivamente; de ter relações sexuais. As crianças menores de doze anos, as mulheres grávidas ou no período menstrual, os doentes e os muito idosos estão liberados dessa obrigação. Destinada a fortalecer a autodisciplina, a abstinência engloba também os maus pensamentos e as más ações. Após o pôr-do-sol, findo o período do jejum, uma substanciosa refeição oferece às pessoas a oportunidade para a confraternização familiar ou social.

Hajj (Peregrinação)

O quinto preceito do Islã estabelece que todo muçulmano adulto e fisicamente hábil realize, na medida de suas possibilidades, ao menos uma peregrinação à Meca durante a vida. O *Hajj* já era uma prática religiosa na Arábia pré-islâmica e a tribo do profeta Muhammad – notadamente seu remoto ancestral Qusayy e seu avô Abdul Muttalib – estava profundamente comprometida com a guarda do Santuário e a recepção aos peregrinos. Como ocorre em outras tradições religiosas, a peregrinação aos lugares santos é entendida como uma oportunidade de radical mudança de vida e profunda renovação espiritual.

O Corão

O Corão, *Qur'an* em árabe, é o livro sagrado do Islã. A incorporação do artigo *al* (o) gerou a forma aportuguesada Alcorão. Afirma a tradição muçulmana que ele contém a palavra de Deus, revelada ao Profeta Muhammad, em mensagens sucessivas, ao longo de 22 anos. Seu texto completo distribui-se por 114 capítulos (*suras*), de tamanho desigual, compreendendo um total de 6236 versículos (*ayats*). A *sura* mais longa contém 286 *ayats* e a mais curta, apenas três. Várias afirmações do Antigo e do Novo Testamento da Bíblia também estão presentes no Corão, cujo espectro temático vai da criação do mundo às regras de convívio social. Entre os personagens bíblicos, o livro atribui especial importância a Adão, Noé, Abraão, Moisés, Jesus e sua mãe, Maria.

Muhammad, que era analfabeto, comunicou os *ayats* oralmente. E estes foram memorizados ou imediatamente anotados por seus ouvintes. Resultaram daí alguns manuscritos ligeiramente divergentes. Com o objetivo de solucionar as controvérsias geradas por esse fato, Uthman, o terceiro califa ou sucessor de Muhammad, nomeou um comitê encarregado de dar ao texto seu formato definitivo. O comitê adotou como padrão o manuscrito guardado por Hafsa, filha de Umar (o segundo califa) e uma das esposas de Muhammad. Uthman enviou cópias desse texto a várias regiões do império islâmico e mandou destruir todas as versões conflitantes.

A *Surat al-Fatiha*, ou simplesmemte *Fatiha* (Abertura), a *sura* que principia o Corão, é considerada uma das orações mais sagradas do Islamismo. Diz ela:

Em Nome de Deus, o Beneficente, o Misericordioso.
Louvado seja Deus, o Senhor dos Mundos,
O Beneficente, o Misericordioso,
Soberano do Dia do Juízo.
Só a Ti adoramos, só a Ti pedimos ajuda.
Guia-nos pelo caminho reto,
O caminho daqueles com quem está Tua Graça,
Não o daqueles que despertaram Tua Ira ou se desviaram.
Amém.

Sua frase inicial é chamada de *Basmallah*, nome derivado da primeira palavra, *Bismillah* (Em Nome de Deus), que, por sua vez, começa com a letra *Ba* (Bê).

Afirmam os místicos muçulmanos que o Universo inteiro está contido no Corão; o Corão inteiro está contido na *Fatiha*; a *Fatiha* inteira está contida na *Basmallah*; e a *Basmallah* inteira está contida no *Ba*. De fato, a própria forma da letra *Ba*, semelhante a uma pequena cuia, já expressa a idéia de "conter". Na acepção desses adeptos, o *Ba*, a segunda letra do alfabeto árabe, é o receptáculo, caracteristicamente humano, que recolhe o Influxo Divino, transmitido pelo *Alif*, a primeira letra, cuja forma assemelha-se a um traço vertical, evocando a Unidade Divina e a união entre "o que está em cima" e "o que está embaixo".

3

O cisma

Sunitas e xiitas

Quando Muhammad morreu, em 632, a *ummah*, a comunidade muçulmana, polarizou-se em relação à escolha de seu sucessor (*khalifa*, em árabe). A ala majoritária pendeu para o lado de Abu Bakr, o amigo e discípulo que acompanhou o profeta na fuga para Medina e pai de sua esposa favorita, Aisha. Mas uma minoria expressiva indicou o nome de Ali, primo, segundo discípulo (depois de Khadija) e esposo de Fátima, a única sobrevivente dos filhos de Muhammad. No grupo menor, havia quatro indivíduos que passaram a chamar a si mesmos de *Shiat Ali*, "Partidários de Ali". Essa expressão daria origem ao termo "xiita". A palavra "sunita", reivindicada pelos membros do agrupamento maior, deriva de *sunna*, que designa aquilo que o profeta disse ou fez.

A disputa não envolvia apenas a liderança espiritual. Havia também poderosos interesses políticos em jogo. Pois, por ocasião da morte de Muhammad, o Islã já havia se disseminado por toda Península Arábica, englobando uma população de aproximadamente 100 mil pessoas. Evidentemente, ambas as facções procuravam legitimar seu ponto de vista com base nas Escrituras, recorrendo ao Corão e aos *Hadit* (a coleção de frases atribuídas ao Profeta) para provar o acerto de suas escolhas.

Abu Bakr terminou sendo eleito. Mas Ali levou alguns meses até jurar-lhe lealdade. A reivindicação de seus partidários baseava-se na suposição de que a *Baraka*, a Bênção ou Graça Espiritual recebida pelos profetas, se transmitia prioritariamente aos membros de suas próprias famílias, conferindo-lhes um especial status de nobreza. Sendo Fátima a única descendente viva de Muhammad, era por meio dela que se perpetuaria sua linhagem. E, no contexto de uma sociedade patriarcal, cabia ao seu marido o direito ao califado. A reconciliação de Ali e Abu Bakr não pôs fim às divergências.

Antes de falecer, Abu Bakr nomeou Umar seu sucessor. Líder inato e mais valoroso comandante militar do Islã, Umar ibn al-Khattab era o pai de Hafsa, outra esposa do Profeta. Sob suas ordens, os muçulmanos conquistaram a Palestina, a Síria, o Egito e a Pérsia. Por ocasião de sua morte, mais uma vez Ali foi preterido, recaindo a escolha sobre Uthman. Também chamado de *Dhu al-Nurayn*, "Possuidor das Duas Luzes", referência ao fato de ter desposado duas filhas do profeta (primeiro Ruqayya e depois Umm Kulthum), Uthman foi responsável pelo estabelecimento do texto oficial do Corão, adotando como corretas as anotações guardadas por Hafsa e destruindo as versões divergentes.

Sua ascensão ao califado suscitara muita oposição no seio da *ummah*. E Uthman acabou sendo assassinado por rebeldes egípcios. Quando isso ocorreu, Ali entendeu que sua hora havia finalmente chegado e reclamou o poder para si. Porém sua reivindicação foi contestada pelo governador da Síria, Muawiya, um membro da família de Uthman, que acusou Ali de omissão diante dos assassinos de seu parente. Muawiya recebeu o apoio de Aisha, a esposa favorita do profeta.

Na Batalha do Camelo, em 656, Aisha foi derrotada por Ali. E, mais tarde, pediu-lhe perdão. Mas as contradições provocaram, no ano seguinte, um novo conflito armado, a Batalha de Siffin, que opôs as forças de Ali às de Muawiya. Tendo o combate se revelado inconclusivo, Ali e Muawiya concordaram em pôr fim à disputa com a ajuda de árbitros estrangeiros. Esse arranjo talvez tivesse conseguido salvar a unidade da *ummah*. Porém um grupo de seguidores radicais de Ali, os kharijitas, opôs-se à arbitragem, com base no versículo do Corão que afirma "A decisão cabe a *Allah*, somente". Considerando Ali um traidor, os kharijitas o assassinaram em 661, enquanto ele rezava na mesquita de Kufa, no Iraque.

Com a morte de Ali, encerrou-se o ciclo dos "quatro califas corretamente guiados", conforme o denomina a tradição muçulmana. Aproveitando o vácuo de poder, Yazid, o filho de Muawiya, apossou-se do califado em 680. Hassan, o primogênito de Ali, não se opôs à usurpação. Mas seu irmão mais novo, Hussein, levantou-se em armas. Apesar da desproporcional inferioridade numérica, Hussein combateu heroicamente as forças de Yazid. Porém a vitória coube a seus adversários. Massacrado na planície da Karbala, no Iraque, juntamente com seus familiares e partidários, Hussein teve a cabeça decepada e levada em ponta de lança pelos vencedores, como um presente a Yazid.

O martírio de Hussein, filho de Ali e Fátima e neto do Profeta Muhammad, marca a ruptura definitiva da *ummah* e constitui um acontecimento central no imaginário xiita. Milhões de fiéis o revivem a cada ano, no apavorante espetáculo da *Ashura*, quando se flagelam até ficar com as vestes empapadas de sangue. O túmulo de Hussein, na cidade de Karbala, tornou-se, depois de Meca, um dos mais sagrados locais de peregrinação do xiismo.

Por meio de Yazid, os omeidas ou omíadas, como são designados os familiares de Muawiya, passaram a reinar sobre os territórios sunitas, constituindo uma dinastia profana, cujo passado sangrento foi paulatinamente esquecido graças ao refinamento cultural. Quanto aos xiitas, continuaram conferindo aos seus dirigentes uma liderança tanto política quanto religiosa. Embora as duas facções concordem em considerar

Muhammad o último dos profetas de Deus, os xiitas atribuem aos seus primeiros líderes, os *imans*, um especial carisma ou inspiração divina.

Os doze *imans*

A principal seita do xiismo cultua uma lista de doze *imans*, daí ser denominada duodecimalista. A começar por Ali, os integrantes da lista são os seguintes:

- Ali ibn Abu Talib
- Hassan ibn Ali
- Hussein ibn Ali
- Ali ibn al-Hassan
- Muhammad al-Bakir
- Jafar al-Sadik
- Musa al-Kazim
- Ali al-Riza
- Muhammad Jawad al-Taki
- Ali al-Naki
- Al-Hassan al-Askari
- Muhammad al-Muntazar al-Mahdi

Muhammad al-Muntazar al-Mahdi, o 12º *iman*, desapareceu das vistas humanas no ano 878. Esse fato recebe na terminologia xiita o nome de "ocultação". Os duodecimalistas acreditam que ele não morreu, mas ocultou-se do mundo em um espaço intermediário entre o Céu e a Terra. De lá, juntamente com os onze *imans* anteriores, continuaria inspirando os líderes religiosos (aiatolás) e, por meio deles, interferindo nos assuntos terrenos, à espera do momento em que tornaria a se revelar. A volta de Al-Mahdi, o "Iman Oculto" ou o "Guia Divinamente Guiado", prepararia o terreno para o retorno de Jesus e o Juízo Final – um tema central da escatologia muçulmana.

O termo xiita popularizou-se devido à revolução iraniana de 1979. E passou a ser tratado pela mídia como um sinônimo de conservadorismo religioso e radicalismo político. Porém, essa idéia é essencialmente equivocada. Como ocorre em qualquer comunidade humana, há progressistas e conservadores e moderados e radicais tanto entre os xiitas como entre os sunitas. Atualmente, os grupos que se opõem com maior intransigência aos chamados "valores ocidentais" são sunitas e não xiitas. É o caso do Taliban, no Afeganistão, e da rede Al Qaeda, de Osama bin Laden. Mas isso não quer dizer que suas ações expressem a doutrina sunita nem que a maioria da população sunita os apóie.

Os sunitas constituem uma corrente amplamente majoritária, agrupando 90% dos cerca de um bilhão de muçulmanos existentes no mundo. Quanto aos xiitas, sua presença é predominante no Irã (93%), nos Emirados Árabes Unidos (80%), no Azerbaijão (61%) e no Iraque (55%). E expressiva no Iêmen (36%), no Paquistão (19%), na Síria (17%) e na Turquia (15%). Duramente reprimidos pelo regime de Saddam Hussein, os xiitas iraquianos adquiriram excepcional importância geopolítica depois da derrubada do ditador. Sua ala radical, liderada pelo jovem aiatolá Moqtada al Sadr, que chegou a mobilizar uma força armada de 10 mil homens contra os invasores norte-americanos, foi contida pelos setores moderados, que, conscientes da superioridade numérica do xiismo, apostaram suas fichas na via eleitoral.

4

A mística

Os sufis

Quinta-feira. Numa casa de classe média em São Paulo, cerca de vinte pessoas, homens e mulheres, se reúnem à noite. Com os rostos voltados para o Nordeste, que corresponde à direção de Meca, na Arábia, os participantes declaram sua intenção de buscar a comunhão com a Verdade (*al-Haqq*, um dos 99 nomes de Deus mencionados no Corão). Depois de invocar a *Baraka* (Bênção) do Profeta Muhammad, dos mestres do passado e do presente e de todos os buscadores, recitam a *Surat al-Fatiha*, a oração que inicia o Corão. Forma-se então um círculo. Com ritmados movimentos de cabeça, da direita para a esquerda ou de cima para baixo, acompanhados por uma respiração cada vez mais forte e cadenciada, as pessoas repetem por cerca de quinze minutos a frase *La ilaha ill'Allah* ("Não há deus senão Deus"). Recitação musical, acompanhada de instrumentos. Segue-se um silêncio de aproximadamente meia hora, no qual cada um se volta para o interior de si mesmo, em uma invocação muda. Depois os presentes tornam a olhar para Meca, recitam outra oração corânica, reafirmam sua intenção de buscar a Verdade e encerram o ritual.

Com pequenas diferenças na ambientação e nas fisionomias dos participantes, essa cena poderia ter ocorrido em Istambul, na Turquia, em Granada, na Espanha, ou em qualquer outra cidade do mundo. Trata-se do *Zikhr*, a principal prática espiritual do sufismo. A palavra árabe *Zikhr* significa "Recitação", mas também "Recordação". Com o *Zikhr*, os praticantes buscam recordar sua verdadeira natureza. O que vem a ser isso? "O homem está no mundo, mas não pertence ao mundo", afirma Sérgio Rizek, tradutor e editor de obras sufis e um dos integrantes do grupo. "Dizê-lo é reconhecer todas as circunstâncias terrenas e materiais que cercam o homem, mas reconhecer também que sua verdadeira natureza é espiritual. Segundo o Corão, o homem é o único ser que pode cair abaixo dos animais e elevar-se acima dos anjos. Tal é a natureza humana."

No *Zikhr*, a recitação é feita de olhos fechados, com os participantes procurando interiorizar cada vez mais a frase recitada. A sentença reiteradamente repetida, *La ilaha ill'Allah* ("Não há deus senão Deus"), constitui a primeira *Shahadah* ou Testemunho da Fé do Islã (ver p. 33). "A intenção é chegar a um estado em que o recitador se torna um receptáculo e ao mesmo tempo um veículo da palavra divina", diz Rizek.

Quem são os homens e mulheres que pensam dessa forma? O sufismo é a mística muçulmana. Conforme o Profeta Muhammad, cada versículo do Corão possui 18 mil camadas de significados. Como ocorre em todas as outras religiões, a maioria dos fiéis se atém aos significados mais evidentes, que a ajudam a aperfeiçoar sua conduta e aplacam sua sede do Absoluto. Mas sempre existem aqueles que querem mais. E procuram ultrapassar a superfície do texto para atingir suas profundezas ocultas. Esses mergulhadores temerários arriscam-se a ir cada vez mais fundo, em busca de maravilhas que só o abismo possui. São eles os sufis.

Avicena (980-1037), o grande médico medieval, considerado um dos três pilares da filosofia islâmica, era sufi. Omar Khayyam (1040-1114), o afamado poeta, matemático e astrônomo, também. O emir Abd el-Kader (1808-1883), que liderou a revolta argelina contra o colonialismo francês, era sufi. Dag Hammarksjold, o célebre secretário geral da ONU, também. Entre os muitos cristãos influenciados pelo sufismo, o mitologista e estudioso das religiões Robert Graves menciona Hugues de Payns (1070-1136), fundador da Ordem dos Cavaleiros Templários, São Francisco de Assis (1182-1226) e o filósofo Roger Bacon (1214-1292), considerado o avô da ciência moderna.

Origens do sufismo

De acordo com alguns estudiosos, o sufismo originou-se durante um incidente ocorrido na vida do Profeta. Muhammad transmitia o versículo do Corão que diz "Deus é aquele que criou os sete céus". De repente, sua consciência se expandiu e um sentido oculto da frase lhe foi revelado. O Profeta silenciou e guardou segredo sobre o que acabara de receber. Mais tarde, sem conseguir conter a curiosidade, os ouvintes interrogaram Ibn Abbas, um dos discípulos mais íntimos de Muhammad, a respeito. Este respondeu: "Se eu lhes dissesse, vocês me matariam a pedradas". Nesse momento, tornou-se claro que, assim como outras religiões, o islamismo possuía uma dimensão esotérica que poucas pessoas estavam preparadas para compreender. Esses poucos, aos quais a tradição se refere como os Companheiros do Profeta, foram os primeiros sufis.

Depois da morte de Muhammad, os Companheiros se dispersaram e cada um constituiu seu próprio conjunto de discípulos. Desse modo, começaram a se formar as diferentes *tariqas* ou ordens que compõem o sufismo. Mas foi apenas no início do século VIII que esses muçulmanos esotéricos começaram a ser chamados de sufis. A origem da palavra é incerta. Ao menos cinco etimologias, não necessariamente excludentes, lhe são atribuídas. Alguns afirmam que ela provém de *suf* (lã), pois esses místicos, assim como os ascetas cristãos que os antecederam, vestiam-se com humildes trajes de lã. Outros dizem que se origina de *safa* (pureza), porque buscavam resgatar a pureza original do Islã. Terceiros a relacionam a *sufa* (banco), porque se sentavam em um banco, na casa do Profeta, à espera de suas lições. Outros a associam a *saff* (contração da frase "primeira fila dos dignos"), porque formavam a primeira fila dos fiéis, atrás de Muhammad, no momento da oração. E há, finalmente, os que a fazem derivar de *s-u-f*, sílaba sem nenhum significado, mas cuja recitação, a exemplo do que ocorre com os mantras indianos, promoveria uma expansão da consciência, permitindo ao adepto perceber os planos ocultos da Realidade e, no limite, unir-se a Deus. O esoterismo islâmico associa cada letra do alfabeto árabe a um número e utiliza essa técnica para comunicar mensagens cifradas. A palavra *Tasawwuf*, que significa sufismo, é numericamente equivalente a *Al-Hikmat Al-Ilâhiyah*, a Sabedoria Divina.

As fontes do sufismo

A primeira fonte de sufismo foi, evidentemente, o próprio Corão, que os muçulmanos afirmam conter a palavra de Deus, comunicada a Muhammad pelo Arcanjo Gabriel. Mas, ao longo dos séculos, os sufis também receberam e sintetizaram outras influências: a filosofia grega, em especial o pitagorismo, o platonismo e o neoplatonismo (eles atribuem aos filósofos Platão,

Plotino e Iâmblicos o título de *shaykh* ou mestre espiritual); o hermetismo desenvolvido em Alexandria, no Egito, entre os séculos I e IV (Hermes Trismegisto, personagem semi-histórico e semimitológico, é igualmente citado pelos sufis como um de seus precursores); a mística cristã dos primeiros tempos (especialmente o autor anônimo do século V conhecido na literatura filosófica como Pseudo-Dionísio Areopagita); o zoroastrismo persa; o *siddhantha* indiano; e até o taoísmo chinês.

Porém os sufis evitam superestimar o papel dessas influências, porque – afirmam – as afinidades entre diferentes escolas místicas decorrem menos da herança que umas recebem das outras do que do contato direto com uma fonte de inspiração comum. "Há uma região celestial chamada *Lawh Mahfuz* (Tábua Preservada)", diz o *shaykh* Muhammad Ragip, representante da ordem sufi Khalweti Jerrahi no Brasil. "Quando *Allah* criou os 18 mil universos, os princípios básicos da criação – suas leis físicas, biológicas, psicológicas e espirituais – foram inscritos nessa tábua. Nela, estão os Arquétipos de todas as coisas. Os livros sagrados são projeções do *Lawh Mahfuz*, que chegaram aos profetas por intermédio do Arcanjo Gabriel, o anjo das revelações. Não há um único povo que não tenha recebido o seu profeta. E cada um deles trouxe a mesma mensagem, adaptada às peculiaridades daquele povo, naquele momento histórico preciso. Por isso o sufismo afirma que todas as almas são uma Alma, e todos os profetas são um Profeta. A mística surgiu com Adão. O sufismo é a forma assumida pela mística no contexto do Islã."

Idéia semelhante foi expressa pelo emir argelino Abd el-Kader. Numa passagem especialmente densa, ele afirmou: "As pessoas de nossa Via – que *Allah* esteja satisfeito com elas! – jamais pretenderam trazer o que quer que seja de novo no que se refere à espiritualidade, mas apenas descobrir novos significados na Tradição imemorial. A legitimidade dessa atitude é confirmada através da palavra do Profeta, segundo a qual a inteligência de um homem só é perfeita quando ele descobre no Corão múltiplas significações [...]. É por isso que, cada vez que surge alguém a quem *Allah* abriu o olhar interior (*basira*) e iluminou o coração (*qalb*), o vemos tirar de um versículo ou de um *hadit* (sentença do Profeta) um sentido que ninguém antes dele havia sido levado a descobrir. E assim será até o levantar da Hora! Pois tudo isso se deve ao caráter infinito da Ciência de *Allah*, que deles é o Mestre e o Guia".

Caminhos para o conhecimento

Os sufis trabalham, portanto, com uma tradição: a mensagem corânica. Mas, por sua própria natureza, essa mensagem é infinita. E se atualiza infinitamente, desvelando, para cada leitor e a cada instante, um novo significado. O meio para alcançar esses significados ocultos e sempre renovados não é o olhar exterior, que se prende à letra imutável do texto, mas o olhar interior e o coração. Quando fala em "coração", o emir não se refere evidentemente ao órgão físico. Nem utiliza uma metáfora adocicada. A palavra "coração" (*qalb*), tal como ele a emprega, possui no sufismo um significado técnico preciso: trata-se de um órgão sutil, um órgão de conhecimento, que permite ao adepto estabelecer contato com a Realidade (com erre maiúsculo).

"*Ayat*, a palavra árabe para 'versículo', quer dizer 'sinal'. Este é o seu significado exato", afirma o *shaykh* Muhammad Ragip. "Os sinais de *Allah* estão no Livro Sagrado, mas também no universo exterior e no universo interior do homem. O trabalho místico é a busca desses sinais e de seus significados. Para realizá-lo, o adepto recorre a todas as suas faculdades. O conhecimento racional é atingido pela mente. O conhecimento inspirado é alcançado pelo coração."

O coração sutil relaciona-se com o coração físico, mas não se confunde com ele. E há outros órgãos sutis, também relacionados com órgãos físicos, cuja ativação promove a evolução espiritual. Esses órgãos de percepção sutil (*lataif*) possuem forte semelhança com os *chakras*, ou centros vitais, estudados e trabalhados pelos diferentes sistemas de ioga indianos. "Um dos efeitos das práticas sufis é o desenvolvimento desses órgãos sutis", diz o *shaykh* Muhammad Ragip. "Nossa percepção é muito limitada. Mas há uma maneira de viver que permite ampliá-la. Esta é uma das variáveis da equação. A outra variável é a vontade de *Allah*, que faz com que algumas portas se abram para nós e nos permitam perceber as dimensões ocultas da Realidade."

Essa "maneira de viver" a que o *shaykh* se refere corresponde à parte que cabe ao ser humano no diálogo amoroso entre a criatura e o Criador. Ela compreende dois conjuntos de ações: a conduta e a prática espiritual. No caso específico do sufismo, a conduta é viver de acordo com a ética islâmica, seguir o "caminho reto" (*as-sirat al-mustaqim*), isto é, fazer o que deve ser feito e evitar o que precisa ser evitado. A prática espiritual, por seu lado, compreende o *zikhr*, as reflexões, as orações, os jejuns, os retiros e outros exercícios, como a *sama*, dança giratória que conduz ao êxtase místico. A conduta purifica o coração, abre espaço em seu interior. A prática espiritual permite que a Orientação e a Bênção Divinas desçam sobre ele. Sem a prática espiritual, a conduta pode levar à aridez, à rigidez, ao fanatismo. Sem a conduta, a prática espiritual pode intensificar ainda mais o turbilhão de desejos que avassala a mente humana e nos faz manipular nossos semelhantes. Como outras tradições místicas autênticas, o sufismo propõe o caminho do meio.

Nesse caminho, não há fórmulas dogmáticas nem modelos definitivos. "A relação com a Realidade é uma relação de diálogo e esse diálogo se refaz a cada instante", afirma a psicóloga Beatriz Machado, mestra em filosofia pela USP com tese sobre o grande mestre sufi Ibn

Árabi. Quer a Realidade assuma a forma do universo exterior, quer se manifeste como o mundo interior do homem, quer se expresse na letra dos textos sagrados, o diálogo com ela pressupõe incessante atualização. "Quando um *shaykh* como Ibn Árabi escreve", diz Beatriz, "o objetivo que tem em mente não é relatar sua experiência, mas suscitar uma nova experiência no leitor." A qualidade dessa experiência depende do modo como nos aproximamos do texto: falantes ou ouvintes, impositivos ou receptivos. Se soubermos calar, ele falará. Se o assaltarmos por todos os lados com nosso discurso auto-suficiente, ele se recolherá no silêncio. O poeta persa Djalal ud-Din Rumi (1207-1273), outro mestre sufi excepcional, escreveu: "O Corão é como uma mulher recém-casada. Se levantares o seu véu à força, ela dirá: eu não te amo".

Para seus amantes devotados, porém, a Realidade oferece tesouros além de toda expectativa. Uma dessas maravilhas, segundo o sufismo, é o Mundo Imaginal, vasta região situada entre a Matéria e o Espírito, que promove a união entre os dois planos. "A imaginação teofânica (*khayal*) é a faculdade cognitiva que permite ao homem acessar o Mundo Imaginal", afirma Beatriz Machado. "Ela lhe possibilita perceber o Arquétipo ou Nome Divino que rege cada coisa ou cada situação." Trata-se de uma faculdade sutil, associada aos sentidos físicos, que premia o adepto com experiências visuais, auditivas, olfativas, gustativas ou táteis do Mundo Imaginal. Ibn Árabi foi o mestre consumado da imaginação teofânica. Quase todo o conhecimento que acumulou, e colocou por escrito em sua obra imensa, foi obtido por meio dessa via. Os sufis afirmam, poeticamente, que o Mundo Imaginal foi criado por Deus com o restante da argila utilizada na confecção de Adão. E que, perante esse Mundo, os sete céus são como um anel jogado no deserto.

As portas de acesso a essa e outras dimensões ocultas da Realidade geralmente se abrem apenas depois de um longo processo evolutivo, no qual o praticante se desprende de seus esquemas mentais habituais para alcançar estados cada vez mais elevados de consciência. Os sufis falam em sete graus de consciência. E o termo técnico para designar cada grau é *nafs*, palavra árabe que significa "alento" e adquire a conotação de "eu". Em ordem ascendente, teríamos:

- *Nafs-i-ammara* ("o eu depravado") – grau no qual o ego é o senhor absoluto da existência, e a pessoa considera "bom" tudo aquilo que satisfaz seu ego, mesmo em detrimento dos outros, e "mau" tudo aquilo que o desagrada.
- *Nafs-i-lawamma* ("o eu acusador") – grau no qual a pessoa adquire as noções de "certo" e "errado" e começa a se desprender dos comportamentos automáticos, mas continua subordinada às paixões, o que lhe causa remorsos.
- *Nafs-i-mulhama* ("o eu inspirado") – grau no qual sonhos, visões e pensamentos inspirados se tornam mais freqüentes, permitindo à mente operar

em um nível superior, mas a pessoa ainda tende a confundir seus desejos com inspirações.

- *Nafs-i-mutmainna* ("o eu serenado") – grau no qual o ego já se encontra razoavelmente suavizado e a pessoa adquire um certo equilíbrio interno, harmonizando-se com as leis divinas, que deixam de ser vistas como imposições.
- *Nafs-i-radiyya* ("o eu realizado") – grau no qual a pessoa se sente integrada a toda a Criação e adquire uma profunda compreensão de si mesma e daquilo que a cerca, percebendo o fluxo dos acontecimentos como parte do Plano Divino.
- *Nafs-i-mardiyya* ("o eu que realiza") – grau no qual a pessoa é movida por um profundo amor a Deus e a toda a humanidade, e passa a manifestar conscientemente muitos milagres em benefício de seus semelhantes.
- *Nafs-i-safiyya wa kamila* ("o eu purificado e completo") – grau no qual a pessoa se integra a Deus e adquire uma compreensão verdadeiramente objetiva da realidade, realizando todo o potencial humano que se encontra em seu interior.

Em um poema de estranha beleza, Rumi descreveu esse homem integral, que se ergueu acima dos anjos e uniu-se a Deus, meta suprema do sufismo:

O homem de Deus está ébrio sem vinho,
O homem de Deus, saciado sem pão.

O homem de Deus está apaixonado, arrebatado,
O homem de Deus não come nem dorme.
O homem de Deus é um rei sob andrajos,
O homem de Deus, um tesouro entre ruínas.
O homem de Deus não é da terra ou do ar,
O homem de Deus não é do fogo ou da água.
O homem de Deus é um oceano sem praias,
O homem de Deus chove pérolas, sem nuvens.
O homem de Deus traz cem luas e cem céus,
O homem de Deus possui a luz de cem sóis.
O homem de Deus tornou-se sábio pela Verdade,
O homem de Deus não se fez erudito nos livros.
O homem de Deus está além da fé e da
incredulidade,
Para o homem de Deus, que pecado ou virtude
existem?
O homem de Deus cavalgou para fora do não-ser,
O homem de Deus acercou-se com porte sublime.
O homem de Deus está oculto, ó Shams-ud-Din!
Procura e encontra o homem de Deus.

5

O legado civilizatório

A Casa da Sabedoria

A atitude do Islã histórico diante do conhecimento tem sua melhor representação em uma passagem da vida do califa Al-Mamum (século IX), filho de Harum al-Rachid, o célebre personagem de *As mil e uma noites*. Diz a tradição que, inspirado por um sonho no qual o filósofo Aristóteles lhe pedia que traduzisse suas obras para a língua árabe, Al-Mamum fundou em Bagdá a *Bayt al-Hikmah*, Casa da Sabedoria. Nela, reuniu um notável grupo de tradutores. E, para compor seu acervo, enviou nada menos do que três delegações do mais alto nível ao imperador de Bizâncio, solicitando-lhe que mandasse, em troca de presentes suntuosos, o maior número de livros possível. Quando o imperador se recusou a atender ao terceiro pedido, Al-Mamum mobilizou um exército para marchar contra os bizantinos. A "sutileza" do argumento fez com que estes rapidamente mudassem de opinião e logo fizessem chegar a Bagdá um incontável número de pergaminhos, com obras filosóficas de Platão e Aristóteles, tratados médicos de Hipócrates e Galeno, textos matemáticos e astronômicos de Euclides e Ptolomeu, entre outras preciosidades literárias.

É irrelevante saber se o sonho com Aristóteles de fato ocorreu ou foi uma lenda inventada para enfeitar a biografia do califa, um partidário dos teólogos mutazilitas, para os quais a fé podia e devia apoiar-se em argumentos racionais. Qualquer que tenha sido o motivo de sua criação, a Casa da Sabedoria tornou-se o maior centro cultural da época. O trabalho de tradução organizou-se nela de forma sistemática: um secretário geral coordenava as atividades e distribuía os manuscritos entre os vários tradutores; cada tradutor era secundado por um redator, encarregado da primeira versão da obra; esta passava, então, pelas mãos de um revisor, que devia expurgar os eventuais erros gramaticais. Seu maior tradutor foi o médico cristão sírio Hunayn ibn Ishaq, que traduziu, do grego ao siríaco e do siríaco ao árabe, todos os tratados médicos de Hipócrates e Galeno.

Muito mais do que simples biblioteca e cento de tradução, a Casa da Sabedoria foi uma verdadeira precursora das modernas universidades, congregando várias entidades de pesquisa, inclusive observatórios astronômicos. Um dos grandes sábios que contribuíram para sua fama foi Abu Yussef al-Kindi, nascido no Iêmen por volta do ano 800 e considerado o primeiro filósofo árabe. Influenciada pela escola neoplatônica grega, sua obra apresenta forte acento místico. Mas não se restringe à filosofia pura, enveredando por várias disciplinas científicas ou afins, como a óptica, a astronomia, a astrologia, a mineralogia, a geologia, a geografia, a meteorologia e a medicina.

Al-Kindi afirmou a extensão infinita do universo, a propagação retilínea da luz e a relação entre os efeitos qualitativos dos remédios e a composição quantitativa de seus ingredientes. Antes que intrigas palacianas minassem sua posição, gozou de enorme prestígio na corte da dinastia abássida, tendo desempenhado a função de tutor de Al-Mutasim, filho e sucessor de Al-Mamun. Um índice do alcance de suas idéias na Europa cristã é a quantidade de vezes que seu nome aparece citado na obra do inglês Roger Bacon, um dos maiores filósofos e cientistas medievais.

Mais notável ainda foi a influência de outro expoente da Casa da Sabedoria, o matemático e astrônomo Muhammad ibn Musa al-Khwarizmi, de cujo nome deriva a palavra algarismo, que se incorporou ao vocabulário de vários idiomas. Por seu intermédio, chegaram ao Ocidente os algarismos indianos, universalmente adotados sob a errônea denominação de "algarismos arábicos". Ainda no campo da matemática, Al-Khwarizmi foi autor de um importante tratado sobre a resolução de equações, no qual sintetiza e populariza várias técnicas algébricas de origem indiana. No âmbito da astronomia, sua principal contribuição foi a construção de um conjunto de tabelas que permitiam calcular, com notável exatidão, as posições dos planetas em qualquer época do ano.

Os maiores sábios

A Casa da Sabedoria de Bagdá tornou-se um ícone da sede de conhecimento da jovem civilização islâmica. Mas não foi um exemplo isolado. Instituições semelhantes foram criadas em outros centros políticos importantes. A principal delas foi a Casa da Sabedoria do Cairo, estabelecida durante o governo dos califas fatímidas. Nela trabalhou o grande Ibn Al-Haytham (965-1039), o maior físico muçulmano. Nascido em Basra, no Iraque, e conhecido no Ocidente sob o nome de Alhazen, Ibn Al-Haytham tornou-se uma referência obrigatória para todos os filósofos e cientistas medievais. Seu principal tratado, o *Kitab al-Manazir* (Livro da Óptica), exerceu extraordinária influência na Europa cristã, tornando-se o modelo dos trabalhos de óptica de Robert Grosseteste e Roger Bacon. Nele, o físico apresenta o conceito de raio luminoso; nega a propagação instantânea da luz; e explica o fenômeno da refração pela diferença de velocidade com a qual a luz viaja nos diferentes meios materiais. Suas leis sobre a reflexão e a refração seriam utilizadas, ainda no século XVII, por Kepler e Descartes.

Aliando aos seus dons intelectuais uma notável habilidade manual, Ibn Al-Haytham construiu seus próprios instrumentos científicos e realizou importantes investigações anatômicas sobre a estrutura do olho. Rejeitando como absurda a idéia grega de que a visão emanava do próprio olho, ele a atribuiu à recepção da luz emitida ou refletida pelos corpos materiais, e destacou o papel desempenhado pelo nervo óptico e sua conexão com o cérebro.

Da imensa constelação dos sábios muçulmanos, é impossível não mencionar ainda os seguintes nomes. Citamo-los em ordem cronológica, apenas esboçando suas contribuições mais relevantes:

- Jabir (século VIII), o maior mestre da alquimia, autor de uma obra imensa, na qual descreveu as principais operações químicas.
- Al-Farabi (872-950), místico, filósofo, matemático e médico, primeiro grande comentador árabe da obra de Aristóteles.
- Al-Battani (877-929), matemático e astrônomo, lançou as bases da moderna trigonometria ao substituir o sistema grego de cordas de ângulos pelas noções de seno e co-seno.
- Al-Sufi (século X), autor de famoso tratado sobre as estrelas fixas.
- Avicena (980-1037), gênio universal, autor de uma vasta enciclopédia das ciências médicas que foi, durante seis séculos, a bíblia dos estudantes de medicina europeus.
- Al-Biruni (século XI), filósofo, matemático, astrôno-

mo, físico, geógrafo, historiador e poeta, que calculou com grande precisão o raio do globo terrestre.

- Omar Khayyam (1040-1114), poeta sufi, autor do célebre *Rubaiyat* e também matemático e astrônomo, tendo proposto uma solução parcial para as equações de terceiro grau.
- Averróes (1126-1198), o principal comentador de Aristóteles e um dos pensadores mais influentes da filosofia escolástica medieval, tanto islâmica quanto cristã e judaica.
- Ibn Árabi (1165-1240), o maior místico do Islã e também seu escritor mais prolixo, ao qual são atribuídas nada menos do que 270 obras.
- Ibn Batuta (m. 1377), viajante incansável, cujos relatos constituem excelente fonte documental sobre sua época.
- Ibn Khaldun (1332-1406), letrado e jurista, que deu à história o status de ciência independente.

Fundada por um profeta que não sabia ler nem escrever, a civilização muçulmana produziu uma das mais extraordinárias sínteses culturais da história, integrando em um corpo único toda a sabedoria do mundo antigo e acrescentando-lhe contribuições profundamente originais. O fervor suscitado pela mensagem muhammadiana submeteu ao Islã uma enorme extensão do planeta – da Península Ibérica às fronteiras da China. Em muitos territórios, os conquistadores árabes repisaram caminhos trilhados pelos exércitos de Alexandre, o

Grande. Séculos de intensas trocas haviam produzido, nesse Oriente helenizado, um extraordinário amálgama cultural, trabalhado e retrabalhado por sucessivas gerações. Nele se interpenetraram e combinaram ingredientes místicos e filosóficos, científicos e artísticos, tecnológicos e artesanais, políticos e administrativos de todas as grandes culturas da Antiguidade: egípcia, síria, judaica, mesopotâmica, persa, grega, romana, indiana e até chinesa. Tal foi a herança que permitiu aos sábios muçulmanos produzirem uma civilização de extraordinário vigor. Mas, para que todos esses componentes se juntassem em um todo coerente e harmonioso, era necessário um elemento catalisador. E esse elemento catalisador foi de natureza espiritual.

Não é acidental que os maiores nomes da filosofia, da ciência e da arte islâmicas tenham pertencido a confrarias de místicos sufis. De seu ponto de vista, o cosmo inteiro devia ser contemplado como uma Teofania ou Manifestação de Deus. Seus entes e eventos constituíam símbolos da Presença Divina – símbolos que cabia ao sábio decifrar. O que o motivava não era o desejo de subjugar a natureza, característico do cientista moderno, mas um impulso profundamente místico e amoroso, que o levava a estudar a criatura para se aproximar do Criador. Isso explica os elevados valores éticos do sábio muçulmano. E também seu interesse enciclopédico. Homens como Al-Farabi, Avicena e Ibn Árabi assimilaram todo o conhecimento disponível em sua época.

A ciência islâmica alcançou êxitos notáveis em disciplinas tão variadas como a matemática, a astronomia, a física, a química, a medicina, a geografia, a história e a lingüística. E não se limitou a recolher e desenvolver saberes herdados de outras culturas, como a geometria grega e a aritmética indiana. Aventurou-se também por domínios até então praticamente inexplorados. É o caso da álgebra, da trigonometria e da óptica. Some-se a isso um desenvolvimento tecnológico sem precedentes no mundo antigo, que se destinava a atender às necessidades ditadas por intenso processo de urbanização. Em pleno século X, enquanto as maiores cidades da Europa cristã não excediam a 30 ou 40 mil habitantes, Bagdá alcançava 1,5 milhão; o Cairo, cerca de meio milhão; e Damasco e Córdoba, em torno de 300 a 400 mil.

Esse precioso legado chegou à Europa cristã por meio de um complexo intercâmbio cultural, que as Cruzadas favoreceram em vez de dificultar. Foi ele que revitalizou o pensamento europeu e, direta ou indiretamente, criou as condições para a intensa fermentação intelectual e espiritual do século XIII, em que brilham as figuras de Francisco de Assis e São Boaventura, Robert Grosseteste e Roger Bacon, Alberto Magno e Tomás de Aquino, Raimundo Lúlio e Mestre Eckhart. Quase quatrocentos anos depois, a Revolução Científica do século XVII, que deu à luz a ciência moderna, foi o fruto tardio, e um tanto desvirtuado, dessa exuberante árvore do conhecimento.

6

A esfinge da modernidade

Apogeu e declínio

O Ocidente é filho da civilização islâmica. Pois, seja como transmissores do legado cultural da Antiguidade, seja por suas contribuições próprias, foram os grandes místicos, filósofos, cientistas e artistas muçulmanos que forneceram à Europa a massa crítica de conhecimentos responsável por seu primeiro renascimento cultural (séculos XI, XII e XIII), tão ou mais importante do que o segundo (séculos XIV, XV e XVI). Hoje, no entanto, o mundo muçulmano encontra-se defasado em relação às conquistas materiais do Ocidente e mantém com este um relacionamento conflituoso. Enquanto países como a China, a Índia e até mesmo o Brasil procuram superar o atraso e conquistar seu espaço na modernidade, as nações islâmicas parecem muitas vezes carecer de rumo. Por quê?

A pergunta não é simples. E uma resposta razoavelmente consistente demandaria o esforço coletivo e concentrado de toda uma equipe multidisciplinar de estudiosos. Limitamo-nos a esboçar um ou outro tópico, eventualmente úteis para as pesquisas dos leitores. Se existe uma lei comum aos fenômenos naturais e históricos, esta é a lei da impermanência. Estruturas se formam, desenvolvem-se, alcançam um ápice e depois sucumbem, em morte súbita ou longo declínio. É difícil precisar o momento em que a civilização islâmica perdeu sua pujança inicial. Mas um exemplo que, apesar de sua precocidade, já contém as principais variáveis do processo pode ser encontrado em época tão recuada quanto o século XII, quando a Andaluzia muçulmana foi invadida por berberes provenientes do norte da África.

O refinado modelo civilizatório desenhado séculos antes pela dinastia omíada, que propiciava ampla liberdade de pensamento e a coexistência pacífica de muçulmanos, cristãos e judeus, foi então tragicamente substituído pelo exclusivismo fanático dos almoadas, que professavam uma versão deturpada da religião de Muhammad. Sua intolerância intimidou os intelectuais e dividiu a população, abrindo caminho para as vitórias militares cristãs. Embora a proeminência muçulmana ainda devesse subsistir por longo tempo, os fatores de seu declínio já estavam desde então atuantes. E eram protagonizados por aqueles que, em nome do Islã, privavam o Islã de sua vitalidade.

Importantes pensadores muçulmanos da atualidade afirmam que toda a riqueza de sua religião pode ser sintetizada em três afirmações fundamentais: só

Deus sabe; só Deus possui; só Deus comanda. Esses princípios relativizam o conhecimento, a propriedade e o poder humanos, permitindo-nos diferenciar o núcleo perene da fé daquelas formas transitórias por ele assumidas. Porém, quando se perde o contato com tais princípios, isto é, quando os homens passam a se arvorar o direito divino de saber, possuir e comandar, essas formas transitórias adquirem o status de valores imutáveis, os aspectos circunstanciais da religião transformam-se em dogmas e a crença viva degenera-se naquela doutrina exclusivista e fanática erroneamente chamada de "fundamentalismo". A denominação é essencialmente incorreta, porque não há nada mais distante da vitalidade original das religiões do que essas estruturas fossilizadas.

A queda dos grandes impérios

As duas principais estruturas políticas da civilização muçulmana tardia, o Império Mughal, na Índia, e o Império Otomano, na Europa Oriental e no Oriente Médio, foram minadas por sua incapacidade de acolher o diferente e absorver mudanças. A trajetória do Império Mughal é mais fácil de compreender. Seu declínio está intimamente associado ao fanatismo religioso de Aurangzeb, filho do célebre Shah Jahan, o construtor do Taj Mahal. Contrastando com a visão grandiosa e magnânima de seu bisavô, Akbar, que liberou a maioria hindu da obediência à legislação muçulmana e fez da Índia um raro exemplo de tolerância religiosa, acolhendo em sua própria corte sábios hindus, budistas e cristãos, Aurangzeb pautou-se por um "fundamentalismo" míope e mesquinho, impondo a *Sharia*, a lei islâmica, ao conjunto da população. Sob seu comando, milhares de templos e santuários hindus foram destruídos; a maioria hindu foi oprimida com impostos extorsivos; e guerras de rapina foram travadas contra os reinos hinduístas do Sul. O império alcançou o ápice de seu poderio militar, mas a energia criadora que produzira sua cultura luxuriante se esvaiu. Os imperadores que o sucederam logo se tornaram meros marionetes dos ingleses e franceses. E o último deles foi deposto pelos britânicos em 1858.

A trajetória do Império Otomano foi mais complexa e sua decadência, causada tanto pelo "fundamentalismo" religioso quanto por ingredientes não-muçulmanos incorporados a sua estrutura política. No rol desses ingredientes, três instituições foram especialmente aberrantes: a dos janízaros, a do fratricídio e a do harém. Detenhamo-nos um pouco nelas:

- Janízaros. Este corpo de combatentes de elite era formado por filhos de cristãos, seqüestrados de suas famílias e transformados em escravos. Convertidos ao islamismo e submetidos a uma completa lavagem cerebral e a uma rígida disciplina militar, os meninos cresciam como guerreiros fanáticos, capazes de dar a vida pelo sultão.

- Fratricídio. Para impedir o fracionamento do império, devido à luta pelo poder entre os príncipes herdeiros, o sultão Selim introduziu um sistema drástico. Toda vez que um sultão ascendia ao trono, seus irmãos eram feitos prisioneiros. E eram executados assim que o monarca tinha seu primeiro filho homem. O bárbaro procedimento, repetido de geração em geração, foi atenuado nos últimos tempos do império, quando a execução se transformou em prisão perpétua.
- Harém. Era no harém, cujo número de concubinas freqüentemente excedia a mil, que o sultão dissipava seu tempo e energia. Além de desviar a atenção do governante dos assuntos de Estado, a instituição constituía um ônus para o Tesouro, pois as famílias das infelizes mulheres, recrutadas nos quatro cantos do império, recebiam expressivas compensações materiais. O único contingente masculino permanente no palácio real de Topkapi era constituído por eunucos. Apesar de seu poder absoluto, o próprio sultão era um virtual prisioneiro desse sistema insano, sendo obrigado a mudar de quarto toda a noite para preservar-se de eventuais atentados.

Esses três elementos não apenas eram estranhos aos costumes muçulmanos como constituíam uma afronta à piedade islâmica. Mas foi por meio deles que o Ocidente formou, ao longo de séculos, sua imagem deturpada do Islã. Quanto à própria civilização otomana, sua pujança inicial, alicerçada na ampla liberdade conferida à maioria cristã e na atração de comerciantes judeus, estagnou-se paulatinamente devido à rigidez das instituições. Após governos brilhantes, como os de Mehmet II (que conquistou Constantinopla em 1453) e de Suleiman, o Magnífico (que reinou de 1520 a 1566, anexando os Bálcãs e a Hungria e levando suas tropas até os muros de Viena), o império entrou em uma longa e dolorosa decadência, que faria com que os ocidentais o denominassem "o Homem Doente da Europa".

Enquanto as nações européias emergentes trilhavam o caminho da acumulação capitalista e da industrialização, o território otomano, apegado à renda da terra, permanecia essencialmente agrário. No século XIX, como um grande animal moribundo, devorado ainda em vida por predadores, o império foi sendo despojado de suas províncias pelos ingleses, franceses e russos. A funesta aliança com a Alemanha e a Áustria-Hungria durante a Primeira Guerra Mundial (1914-1918) precipitou o seu fim. Terminado o conflito, tendo os russos se retirado da guerra após o triunfo da revolução socialista de 1917, a Inglaterra e a França, grandes vitoriosas, repartiram entre si o butim.

O impacto do colonialismo

Com o colapso de seus dois grandes impérios, o Mughal e o Otomano, o mundo islâmico defrontou-se, na segunda metade do século XIX e início do século XX, com o apetite insaciável das potências capitalistas emergentes. Para mencionarmos apenas os territórios com maioria ou expressiva presença muçulmana, a Inglaterra apossou-se da Índia, Kuwait, Bahrein, Qatar, Oman, Aden, Iraque, Transjordânia, Palestina, Egito, Sudão, Somália, Nigéria e obteve importantes concessões petrolíferas na Pérsia, com a criação da Anglo-Persian Oil Company, em 1909. Considerando o mesmo critério, o Império Colonial Francês estendeu-se sobre parte da Turquia, Síria, Líbano, Tunísia, Argélia, Marrocos, Mauritânia, Senegal, Mali, Níger, Chad, Djibuti, Costa do Marfim, Benin, Camerun e Madagascar. A Indonésia, hoje o país com a maior população islâmica, ficou sob domínio holandês.

As primeiras e precoces respostas muçulmanas ao desafio colonial foram movimentos armados de caráter tradicionalista, como a rebelião do emir argelino e mestre sufi Abd El-Kader contra o colonialismo francês, em meados do século XIX. Ou a revolta sudanesa ocorrida décadas mais tarde, na qual, à frente de 100 mil homens em armas e afirmando ser o *Mahdi* – o "Guia Divinamente Guiado" prometido pela profecia islâmica –, Muhammad Ahmad impôs dura derrota aos colonialistas britânicos. A propaganda colonialista demonizou esses líderes, mas sua grandeza seria reconhecida até mesmo pelos europeus. A nobreza de seus ideais, o poder de arregimentação de suas prédicas e a inteligência de suas táticas militares revelaram-se impotentes, porém, diante da superioridade econômica e tecnológica do adversário. Não surpreende que, na geração seguinte, um novo tipo de liderança, admiradora das conquistas materiais da modernidade ocidental, surgisse nas sociedades muçulmanas.

A inglesa Karen Armstrong estuda esses personagens em seu livro *Em nome de Deus*. E aponta corretamente que seus generosos projetos reformistas – quer se pautassem por uma imitação do modelo ocidental de caráter laicizante, quer buscassem modernizar suas sociedades a partir do resgate dos valores tradicionais do Islã – estavam necessariamente fadados ao fracasso. Pois, não dispondo de um lastro nas infra-estruturas econômicas dos países, apenas arranhavam suas superestruturas. No Ocidente, as ideologias da modernidade assumiram formas maduras apenas quando o modo de produção capitalista já se havia infiltrado profundamente no tecido econômico, modificando as relações sociais. No Oriente, agrário e pré-capitalista, a modernidade era uma idéia fora de lugar.

Ademais, não houve tempo para reformas. O colonialismo tinha pressa e, antes que idéias reformistas nos âmbitos da justiça, da educação e da cultura pudessem frutificar, impôs aos países dominados sua avassaladora presença. Esta não se limitava ao olhar desdenhoso de velhos diplomatas esnobes, ao sorriso sarcástico de jovens funcionários ambiciosos, à construção de clubes e bairros interditados aos habitantes autóctones. Muito mais impactante, implicava na drenagem insaciável de matérias-primas; no dilúvio de produtos manufaturados metropolitanos, que arruinavam as indústrias artesanais locais; na dissolução de instituições de venerável antiguidade; na formação de uma nova classe média "nativa", ocidentalizada, subserviente, vulgar e corrupta, que minava a auto-imagem das sociedades tradicionais.

Os fantasmas do passado e o apelo do futuro

Os países islâmicos ainda não superaram o trauma desse processo desagregador. Mais de um século de história não conseguiu exorcizar os fantasmas do passado. Demasiado tardias, ocorrendo já quando o capitalismo hegemônico ingressara em sua etapa monopolista e as burguesias haviam perdido seu potencial revolucionário, suas tentativas modernizadoras revestiram-se de formas autoritárias e foram incapazes de produzir sociedades autenticamente democráticas e modernas. Isso vale tanto para as iniciativas de Kemal Ataturk, na Turquia, quanto para as de Gamal Abdel Nasser, no Egito, e as do xá Reza Pahlevi, no Irã.

No contexto da bipolaridade e do confronto entre as duas superpotências, Estados Unidos e União Soviética, movimentos de caráter secularista, como o panarabismo de Nasser, receberam forte impulso, identificando-se vaga e impropriamente com o ideário socialista. Mas o "fundamentalismo" muçulmano não estava morto. E ressurgiria com força, impulsionado tanto por fatores endógenos às sociedades em que se manifestava, como foi o caso de certas correntes que participaram da Revolução Islâmica no Irã, quanto pelo ostensivo patrocínio da administração norte-americana, como se deu com o Taliban afegão e a própria rede Al Qaeda, de Osama bin Laden. Agindo como o desastrado aprendiz de feiticeiro, que desencadeia forças que depois não consegue controlar, os estrategistas de Washington cometeram toda a sorte de desatinos em sua política para o Oriente Médio, das orquestrações que provocaram a queda do governo nacionalista de Mossadeg no Irã à sustentação do reinado de terror de Saddam Hussein no Iraque. Mas talvez sua mais imprudente ilusão tenha sido acreditar que promovendo o "fundamentalismo" estariam colocando uma pedra no caminho dos russos e conquistando um dócil aliado para seu projeto hegemonista. A criatura obviamente se voltou contra o criador, com todas as conseqüências que presenciamos hoje.

Explorando o secular ressentimento produzido pela opressão colonialista e as maquinações das grandes potências, a humilhação resultante de quatro derrotas militares diante de Israel e o vácuo ideológico decorrente do colapso do modelo soviético, o "fundamentalismo" configura-se, aos olhos dos segmentos menos cultos da população, especialmente de uma juventude carente de horizontes, como uma espécie de última esperança. Trágica opção, que só faz alimentar uma insana e infecunda espiral de violência.

É interessante ler o que pensa a respeito o ex-presidente do Irã, Muhammad Khatami. Politicamente reformista e intelectualmente sofisticado, Khatami é, no entanto, um xiita devoto, clérigo e filho de um dos mais ilustres aiatolás do país. Afirmou ele: "O mal-estar mais agudo entre os fiéis surge quando as interpretações humanas da religião, falíveis e limitadas pelo tempo e pelo espaço, arrogam a si mesmas o caráter absoluto e sagrado da religião, de tal modo que os preceitos de uns poucos passam a ser vistos como a própria religiosidade. Só é considerado fiel, então, aquele que adere a essa visão específica. Muitos conflitos têm aqui suas raízes".

Apontando a necessidade de diferenciar o núcleo perene da religião das formas históricas e, portanto, transitórias das quais ele se reveste, as palavras de Khatami ecoam o pensamento de grandes sábios do passado, como Ibn Árabi e Mulla Sadra (1571-1637). A incapacidade de operar essa diferenciação, que o faz atribuir às formas transitórias um caráter absoluto e imutável, é que constitui a trágica perversão do "fundamentalismo". O próprio Islã já desenvolveu, ao longo dos séculos, o antídoto contra esse veneno. Mas os conselhos prudentes de seus sábios são muitas vezes silenciados pela gritaria ensurdecedora de uma minoria de fanáticos. Cabe à comunidade islâmica resgatar esse precioso legado e, com base nele, separar o joio do trigo em matéria religiosa. Só desta forma, mantendo-se fiéis àquilo que mais profundamente os caracteriza, e sem virar as costas para o Ocidente, mas também sem cair de joelhos diante dele, os muçulmanos conseguirão decifrar a esfinge da modernidade e projetar seu próprio futuro.

7

O islamismo no Brasil

Segundo estimativa da Assembléia Mundial da Juventude Islâmica, o número de muçulmanos no território brasileiro chegou, em 2005, à casa de 1,5 milhão. Uma cifra bastante modesta, se considerarmos que existem no país presumíveis 100 milhões de católicos e 45 milhões de adeptos do candomblé e da umbanda. Não devemos deduzir, porém, que a influência muçulmana em nossa formação nacional tenha sido inexpressiva. Dos arabismos incorporados à própria língua portuguesa, passando pela estrutura arquitetônica das edificações coloniais, até determinadas formas assumidas pela música nordestina, numerosos foram os traços culturais que o Islã legou ao Brasil.

Um fato pouco conhecido por nossos estudantes de história é que muitos escravos trazidos ao Brasil professavam a religião de Muhammad. E que esses africanos islamizados protagonizaram uma das mais dramáticas rebeliões do período escravista, a Revolta dos Malês. O movimento eclodiu na cidade de Salvador, Bahia, na noite de 24 para 25 de janeiro de 1835. Em seu livro *Rebelião escrava no Brasil: a história do levante dos malês em 1835* (São Paulo, Companhia das Letras, 2003), João José Reis fornece vários detalhes sobre o processo.

A revolta ocorreu quando os africanos islamizados, a grande maioria pertencente à nação nagô (a palavra "malê" é uma corruptela de *imalê*, que significa muçulmano em iorubá), celebravam o mês do *Ramadan*, dedicado ao jejum e a intensificação da conexão espiritual. Envolveu aproximadamente seiscentas pessoas (cujo percentual na população de Salvador da época equivale ao de 20 mil pessoas na população de hoje). E terminou com a morte de cerca de setenta rebeldes, dez de seus adversários, vários feridos e centenas de presos. O fim da escravidão africana era a motivação central do movimento, mas, segundo o estudo, não há certeza de que a consciência dos rebeldes houvesse evoluído ao ponto de vislumbrar a construção de uma sociedade totalmente sem escravos.

Na época, cerca da metade da população de Salvador era composta por africanos ou descendentes. Desfrutando de mais liberdade do que os escravos das fazendas, os escravos urbanos tinham oportunidade de circular pela cidade e fazer pequenos bicos, com o consentimento de seus donos. Economizando o que ganhavam, vários deles vieram a comprar a própria alforria, constituindo o contingente dos libertos. Foi desse segmento, no qual muitos sabiam ler e escrever em árabe, que se originou boa parcela da força rebelde.

No seu ideário, a hostilidade aos brancos combinava-se com uma atitude favorável em relação aos africanos não-muçulmanos, considerados aliados reais ou potenciais. E tal perspectiva política casava bem com a própria visão religiosa dos revoltados, que professavam um islamismo temperado com ingredientes não-muçulmanos, como as práticas divinatórias e o uso de amuletos, característicos do candomblé. À derrota do movimento seguiu-se repressão brutal promovida pelas autoridades contra os muçulmanos e os africanos em geral, fazendo com que centenas de libertos fossem expulsos do Brasil.

Hoje, a grande maioria da população muçulmana brasileira é composta por descendentes de árabes (sírios, libaneses, palestinos, egípcios, marroquinos etc.), que para cá vieram em busca de oportunidades. A fração de brasileiros originários de outras religiões e convertidos ao islamismo é relativamente pequena. Há referência a mais de oitenta associações islâmicas e o número de mesquitas ultrapassa cinqüenta. Graças ao temperamento essencialmente acolhedor do povo brasileiro e ao multiculturalismo ao menos tendencial de nossa sociedade, os muçulmanos puderam encontrar aqui um espaço de inserção. Sua comunidade, bem mais fechada do que a árabe de origem cristã, encontra-se, ainda assim, harmoniosa e confortavelmente instalada no país.

Referências bibliográficas

ARABI, Muhyi-d-din Ibn'. *La sagesse des prophètes.* Trad. fr. e notas Titus Burckhardt. Paris, Éditions Albin Michel, 1955.

ARMSTRONG, Karen. *Islam: a short history.* Nova York, Modern Library, 2000.

ARMSTRONG, Karen. *Em nome de Deus: o fundamentalismo no judaísmo, no cristianismo e no islamismo.* São Paulo, Companhia das Letras, 2001.

BAKHTIAR, Laleh. *Le Soufisme: expressions de la quête mystique.* Paris, Éditions du Seuil, 1977.

BARTHOLO Jr., Roberto S. e CAMPOS, Arminda Eugenia (orgs.). *Islã: o credo é a conduta.* Rio de Janeiro, ISER/Imago Editora, 1990.

CHITTICK, William C. *The sufi path of knowledge: Ibn al-'Arabi's metaphysics of imagination.* Nova York, State University of New York Press, 1989.

KHATAMI, Muhammad. *O Irã contemporâneo e o Ocidente: diálogo entre civilizações.* São Paulo, Attar Editorial (no prelo).

LINGS, Martin. *Muhammad: a vida do profeta do Islam segundo as fontes mais antigas.* São Paulo, Attar Editorial (no prelo).

PAPADOPOULO, Alexandre. *El Islam y el arte musulmán.* Barcelona, Editorial Gustavo Gilli, 1977.

RUMI, Jalal ud-Din. *Poemas místicos.* Trad. port. e introd. José Jorge de Carvalho. São Paulo, Attar Editorial, 1996.

RUMI, Jalal ud-Din. *Odes Mystiques (Dîwân-e Shams-e Tabrîzî)*. Trad. fr., introd. e notas Eva de Vitray-Meyerovitch e Muhammad Mokri. Paris, Éditions Klincksieck, 1973.

RUMI, Jalal ud-Din. *Fihi ma fihi: o livro do interior*. São Paulo, Edições Dervish, 1993.

SHAH, Idries. *Os sufis*. São Paulo, Cultrix, 1993.

SHAH, Idries. *El camino del sufi*. Barcelona, Ediciones Paidós Ibérica, 1995.

SHIRAZ, Saadi de. *Gulistan: o jardim das rosas*. Trad. port. Rosângela Tibúrcio, Beatriz Vieira e Sergio Rizek, a partir do original persa traduzido por Omar Ali Shah. São Paulo, Attar Editorial, 2000.

The Koran: with parallel arabic text. Trad. ingl. e notas N. J. Dawood. Londres, Penguin Books, 1990.

http://faculty.juniata.edu/tuten/islamic/islamichome.html
http://www.arches.uga.edu/~godlas/Sufism.html
http://www.bbc.co.uk/religion/religions/islam
http://www.halvetijerrahi.org.br/
http://www.ibnarabisociety.org
http://www.rumionfire.com/
http://www.soufisme.org/site/
http://www.sufism.org

Impresso nas oficinas da
Gráfica Palas Athena